L_n^{27} 19841.

POMPE FUNÈBRE

Célébrée le 12 Juin 1840 C∴ D∴

PAR LA R∴ L∴ DES DISCIPLES DE ST-VINCENT-DE-PAUL,

O∴ DE PARIS,

EN MÉMOIRE DU T∴ C∴ et T∴ R∴ F∴ **TRUET**,

SON VÉNÉR∴ D'HONNEUR, AD VITAM,

33e Off∴ honor∴ du G∴ O∴ de France, Conseiller référendaire de 1re classe à la Cour des Comptes, Chevalier de la Légion-d'Honneur, etc.

O∴ DE PARIS,

IMPRIMERIE D'ADRIEN MOESSARD ET JOUSSET,
RUE FURSTEMBERG, N° 8.

5840.

NOTICE

SUR LA POMPE FUNÈBRE

CÉLÉBRÉE EN MÉMOIRE

DU R∴ F∴ TRUET.

Le V∴ F∴ Truet, Conseiller Référendaire à la Cour des Comptes, qui pendant plus de 15 années, et à diverses reprises avait présidé les travaux de la R∴ L∴ des Disciples de St.-Vincent de Paul, à l'O∴ de Paris, est décédé dans cet Or∴ le 27 Avril 1840 à l'âge de 72 ans.

Sa dépouille mortelle fut accompagnée au champ du repos par une Députation de la Cour des Comptes, du G∴ O∴ de France, par une foule de maçons et d'amis, et par la L∴ entière des Disciples de St. Vincent de Paul, qui tinrent à honneur de porter ses restes vénérés à leur dernier asile. Là, le Vénér∴ actuel de l'atel∴ exprima sur la tombe de ce R∴ F∴, les regrets de tous les maçons, et paya un premier tribut de reconnaissance à celui qui pendant si longtemps s'était consacré à la prospérité de la L∴ des Disciples de St. Vincent de Paul.

Mais ce n'était point assez pour un F∴ aussi distingué, et bientôt l'At∴ décida à l'unanimité qu'une pompe funèbre serait célébrée en sa mémoire. Par les soins des Commissaires nommés à cet effet, la décoration du Temple dût répondre à la douloureuse cérémonie qui allait avoir lieu. Il était entièrement tendu en noir : le chiffre du V∴ F∴ Truet, se mêlait à des attributs emblématiques, et un Cénotaphe où l'on voyait confondus les insignes civils et maçoniq∴ de ce F∴, était placé entre les Colonnes. Des Cyprès et des lampes funéraires étaient aux quatre angles du Cénotaphe, un crêpe voilait la bannière de l'atel∴, et durant la cérémonie, une colonne d'harmonie vint par ses accents funèbres sympathiser avec la tristesse qui régnait dans tous les cœurs.

Des députations de plusieurs LL∴, un grand nombre d'Off∴ et memb∴ du G∴ O∴ de France et une foule de maçons distingués, s'empressèrent de venir assister à cette pieuse cérémonie, et le F∴ Truet, fils du Vénér∴, voulant témoigner tout à la fois, et de son respect pour la mémoire de son père bien-aimé, et de sa reconnaissance envers l'Atel∴ demanda à ses FF∴ de pouvoir faire imprimer à ses frais, le procès-verbal de cette séance commémorative. L'Atel∴ cédant à ce vœu d'une piété toute filiale, décida à l'unanimité que cette impression aurait lieu ainsi que le F∴ Truet fils l'avait demandé.

POMPE FUNÈBRE.

A la Gl∴ du G∴ Arch∴ de l'Un∴

Au N∴ et S∴ L∴ Aus∴ du G∴ O∴ de F∴

Le 13ᵉ jour du mois lunaire Sivan de l'an de la V∴ L∴ 5840 (12 juin 1840 E∴ V∴).

La R∴ L∴ des Disciples de Saint-Vincent de Paul à l'O∴ de Paris, régulièrement convoquée et fraternellement réunie, en un lieu très fort, très régulier et très couvert, où règnent la paix et le silence, midi plein, a ouvert ses trav∴ par les mystères accoutumés.

Le T∴ C∴ F∴ Pillot, Vénér∴ titulaire, éclaire l'Orient ; il est aidé à l'Occid∴ par les FF∴ Blondelu et Raoul, 1ᵉʳ et 2ᵉ Sur∴ tit∴ Le F∴ Gautier, Orat∴ tit∴, est à son banc, et le F∴ Desbrunais, Secr∴ tit∴, tient le pinceau.

Le V∴ annonce que la réunion de ce jour a pour but de célébrer la pompe funèbre, votée à l'unanimité par l'atel∴, en l'honneur de son digne et regretté Vén∴ d'hon∴, *ad vitam*, le T∴ C∴ et T∴ Ill∴ F∴ Truet.

A cet instant des FF∴ Visiteurs frappent à la porte du Temple, et demandent la faveur d'être admis aux travaux.

Le Vén∴ envoie vers eux le Maît∴ des cérém∴ et le F∴ G∴, Expert, afin de les reconnaître comme maçons réguliers. Dès qu'ils sont reconnus, l'entrée du Temple leur est donnée, et le Vén∴ leur adresse les paroles suivantes :

TT∴ CC∴ FF∴ Visiteurs,

« Dans un jour où les Disciples de Saint-Vincent-de-Paul sont plongés dans la douleur que leur a causé une perte trop cruelle, c'est une consolation bien douce pour eux de voir leurs FF∴ venir prendre part à leurs lugubres travaux. Grâces vous en soient rendues, MM∴ FF∴, vous vous êtes rappelés qu'entre Maçons tout doit être commun; que peines et plaisirs, que joie et douleur, doivent être partagés, et comme aujourd'hui les peines nous ont été dévolues, vous les avez comprises, et vous êtes venus pour en adoucir l'amertume.

» Nous voudrions pouvoir vous saluer, MM∴ FF∴, comme nous le faisons toujours, avec ces batt∴ partant du cœur et dont vous êtes si dignes; mais, vous le voyez, un crêpe voile mon maillet, et le silence auquel il est contraint doit vous exprimer, plus que mes paroles, tout ce qu'éprouvent en ce moment les Disciples de Saint-Vincent-de-Paul. »

Les FF∴ Visiteurs étant placés sur les col∴, on annonce que trois députat∴ de LL∴ sollicitent l'entrée du Temple.

Le Vén∴ envoie vers ces RR∴ FF∴ deux Maît∴ de cérémonies chargés de les reconnaître, et qui, lorsqu'ils ont rendu compte de leur mission, retournent près de ces députations accompagnés de sept FF∴ munis de glaives et d'étoiles.

L'entrée du temple est donnée à ces dignes FF∴, qui viennent aux noms des atel∴ suivans :

1° Députat∴ de la R∴ L∴ des Chevaliers de la Croix O∴ de Paris, présidée par le R∴ F∴ de Branville, son Vénér∴..

2° Déput∴ de la R∴ L∴ des Arts réunis à l'O∴ de Rouen, présidée par le R∴ F∴ Buisson, son Vén∴..

3° Députat∴ de la R∴ L∴ la nouvelle Thèbes, Or∴ de Paris, bannière en tête, et également présidée par le R∴ F∴ Allard son vénérable.

Dès qu'ils sont introduits, le Vén∴ les accueille en ces termes :

TT∴ RR∴ FF∴, Membres des députations qui venez partager nos travaux,

« Ce n'est ni dans la prospérité, ni au sein des plaisirs, que l'on peut juger ses véritables et sincères amis ; c'est lorsque vient le jour de l'adversité, c'est lorsque les peines nous accablent, que ceux-là seuls qui sont bien réellement nos FF∴ s'empressent d'accourir et de venir vous porter des consolations. Dans notre douleur, nous avons fait un appel à vos cœurs, et vos cœurs nous ont répondu, et votre présence au milieu de nous est déjà un gage de la sympathie fraternelle de vos sentimens avec les nôtres.

» Vous, Memb∴ des diverses LL∴ qui étiez attachés au F∴ Truet par tant de liens, mais surtout par ceux de l'amitié, vous qui n'avez point voulu que votre concours manquât à ce triste et dernier hommage, ah! recevez nos remercîmens sincères, et lorsque vous retournerez vers ceux qui vous ont député près de nous, dites-leur bien avec quels sentimens de reconnaissance nous vous avons accueilli, et combien nous avons su apprécier l'honorable assistance que vous êtes venus nous prêter.

» La tristesse nous impose un pénible silence MM∴ FF∴, et nous devons renfermer en nous mêmes cet élan qui nous eût fait terminer nos paroles par une batterie qui vous était due à tant de titres. »

Les RR∴ FF∴ de Branville et Buisson, ayant successivement pris la parole, remercient l'atel∴ de l'accueil si fraternel qu'ils en reçoivent, et témoignent de leurs sympathiques regrets pour une perte qui, en frappant leurs LL∴, a frappé chaque F∴ séparément ; car pour tous les chev∴ de la Croix, comme pour tous les FF∴ des Arts réunis et de la nouvelle Thèbes, le F∴ Truet était un véritable et sincère ami. C'était donc un devoir pour eux, ajoutent ces RR∴ FF∴, et un devoir sacré de venir donner un dernier gage de leur attachement à celui qui leur avait prouvé pendant si long-temps combien il les aimait : ils sont venus, et en mêlant leurs larmes à celles des Disciples de Saint-Vincent de

Paul, ils ont trouvé une première consolation dans cet accueil si bienveillant qui leur est fait, dans ces paroles si amicales que le président de ce R∴ Atel∴ vient de leur adresser. Ces RR∴ FF∴ terminent en priant la R∴ L∴ de recevoir l'expression de leur profonde gratitude.

Le Vén∴ ayant fait placer à l'Or∴ les présidens des députations, et les FF∴ qui les composent en tête des colonnes, est aussitôt averti qu'un grand nombre d'Officiers et Memb∴ du G∴ O∴ de France demandent à être introduits.

Le F∴ Pillot, Vén∴, envoie vers ces RR∴ FF∴ deux maît∴ des cérémo∴ et cinq FF∴ munis de glaives et d'étoiles. L'entrée du Temple leur ayant été donnée sous la voute d'acier, mais avec le silence imposé par la circonstance, ces honorables FF∴, sont immédiatement conduits à l'Or∴, où le Vén∴ leur adresse ces paroles.

TT∴ RR∴ et TT∴ CC∴ FF∴ Off∴ et Memb∴ du G∴ O∴ de France,

« Lorsque dans le monde prof∴ quelque calamité publique ou quelque grande douleur vient frapper une population, et que les magistrats ou les hommes investis de la confiance de leurs concitoyens, apparaissent au milieu d'eux, si leur présence ne leur rend de suite le bonheur, du moins elle fait renaître le calme et l'espérance dans les cœurs. Il en est de même de vous, TT∴ CC∴ FF∴, Memb∴ du G∴

O∴ de France, vous avez appris que l'un des Atel∴ les plus dévoués de votre correspondance, atteint dans ses affections les plus chères, gémissait du coup qui l'a frappé, et vous vous êtes empressés d'accourir, de venir par votre présence lui rendre l'espoir, et de concourir à la pieuse cérémonie qu'il célèbre aujourd'hui.

» Les Disciples de Saint-Vincent-de-Paul connaissent depuis long-temps l'intérêt et la sollicitude qui animent le G∴ O∴ de France pour cet Atel∴ : aussi ont-ils compté sur votre paternel concours dans cette circonstance, et sont-ils plus touchés qu'étonnés de l'empressement si honorable pour eux et pour leur ancien président, que vous avez mis à vous rendre à leurs vœux.

» Recevez donc, RR∴ FF∴ Memb∴ du G∴ O∴, l'expression de la profonde gratitude des FF∴ de cet Atel∴ pour la haute preuve d'intérêt que vous leur donnez en ce moment, et croyez qu'il leur faut un motif aussi puissant que celui de la douloureuse solennité de ce jour, pour qu'ils ne vous témoignent point leur reconnaissance par les batteries qu'ils seraient heureux de vous porter, mais qui leur sont interdites, et qui pour être silencieuses n'en sont pas moins vivement senties par les Disciples de Saint-Vincent-de-Paul. »

Tous les FF∴ ayant repris leurs places, le Vé∴ invite le doyen des memb∴ de l'at∴, un memb∴ du G∴ O∴ de France, un memb∴ de la R∴ L∴ des Chev∴ de la Croix, et un memb∴ de la R∴ L∴ des Arts réunis de Rouen, à se placer aux quatre angles du cénotaphe. Les FF∴ maît∴ des cérém∴ y conduisent ces RR∴ FF∴, et le Vén∴ ayant frappé un coup de maillet, se lève et dit :

« MM∴ FF∴, que les lampes funéraires s'allument, que l'encens fume sur le trépied, et que les sons funèbres de l'harmonie préludent à nos douloureux accens. »

Cet ordre est exécuté; on entend une harmonie grave et analogue à la circonstance, et douze fois l'airain de son timbre lugubre fait résonner les voutes du Temple.

Le Vénérable se lève de nouveau et prononce l'allocution suivante :

« TT∴ CC∴ et bien-aimés FF∴ Memb∴ du G∴ O∴, Memb∴ des députations, et vous tous qui êtes venus nous prêter votre fraternel concours,

S∴ S∴ S∴

« MM∴ FF∴,

» L'heure fatale a sonné, et symbole du terme de la vie, elle nous annonce que pour l'un de nos FF∴ le terrible mystère de l'éternité vient d'être dévoilé! Instant inévitable, moment suprême que redoute le coupable, mais que l'homme dont la conscience est pure et irréprochable, que celui dont la vie fut vertueuse, voit toujours s'approcher avec calme, espoir et confiance. Oh! quelle est profonde cette pensée d'un avenir éternel qui commence au moment où nous croyons finir, et qu'ils sont grands les sujets de méditations qu'elle vient offrir au philosophe, à l'homme de bien et au véritable Maçon. C'est surtout à ce dernier qu'elle doit paraître sublime, à lui dont la première pensée, en entrant dans la vie maçonniq∴, fut pour ainsi dire une pensée de mort, qui n'a point dû s'effacer de son esprit, si le jour de son initiation à nos mystères est resté pour lui un jour précieux et mémorable. Oui, pour celui qui fut véritablement Maçon, et qui sut remplir les engagemens que lui imposa ce titre sacré, pour celui qui fut bon citoyen, généreux et compatissant pour les misères humaines, pour l'homme enfin qui fut toujours prêt à rendre compte de sa mission terrestre, la mort n'a rien qui l'épouvante, car il sait que non seulement une éternelle félicité doit être sa récompense, mais que sur cette terre même, que son âme doit quitter pour s'envoler vers les régions divines, sa mémoire, si elle n'est immortelle, reste du moins long-temps impérissable et vénérée.

» Ces réflexions, tout à la fois si tristes et si consolantes, nous sont inspirées, MM∴ FF∴, par tout ce qui nous entoure en ce moment. Ces attributs de la mort, ce cénotaphe où vous voyez réunis les insignes civils et maçoniq∴, le deuil qui règne dans cette enceinte, tout nous dit que la patrie a perdu l'un de ses utiles citoyens; cet Atel∴ l'un de ses enfans les plus chers, et la Maçon∴ l'un de ses plus fervens adeptes.

» Vous en êtes les garans, MM∴ FF∴, vous tous

qu'un pieux devoir a rassemblés, et votre empressement à venir vous réunir à nous pour acquitter un tribut sacré envers celui qui fut un disciple si zélé du grand Vincent de Paul, nous montre assez que les liens terrestres qui nous attachaient à lui sont seuls rompus, mais que ceux de la reconnaissance et de l'amitié doivent survivre à son trépas.

» Fidèles à ce principe, qu'honorer les vertus de ceux qui ne sont plus, c'est non seulement payer à leur mémoire la dette du cœur, mais aussi encourager à les imiter, c'est-à-dire à bien faire, ceux qui leur survivent ; les Disciples de Saint-Vincent-de-Paul, témoins des éminentes qualités de celui qui durant tant d'années les guida dans la route du bonheur, ont voulu qu'un hommage solennel manifestât et de leur reconnaissance pour les bienfaits que leur Vén.·., le T.·. Ill.·. F.·. Truet, n'a cessé de répandre sur leur Atel.·., et des regrets éternels qu'une telle perte a fait naître dans le cœur de ceux qui le regardaient comme un père, comme un F.·., comme un ami !

» Vous aussi, MM.·. FF.·., vous allez devenir les témoins de cette existence toute de bonté de notre excellent Vén.·., vous allez connaître combien fut bonne et généreuse cette vie civile et maçoniq.·. de notre F.·. Truet. Une voix amie, celle d'un F.·., qui dès cet âge où, pour se rapprocher et se lier d'une étroite et sincère affection, deux âmes n'ont d'autre aimant que celui du cœur, une voix bien digne par ce douloureux rapprochement de vous rappeler quel fut cet ami, va bientôt vous associer plus intimement à notre reconnaissance, et vous comprendrez alors combien nous devions chérir celui que nous avons perdu, et quelles larmes sincères nous devons répandre aujourd'hui sur sa tombe !

» Ah ! sans doute, MM∴ FF∴, vous êtes impatiens d'entendre ces paroles si persuasives de notre F∴ Orat∴, de connaître le récit qu'il va vous faire d'une vie consacrée à l'utilité ou au bonheur de ses semblables, et je serais tenté de regretter de retarder encore le moment où il cédera à vos justes désirs, si moi aussi je n'avais un hommage tout particulier à rendre à la mémoire de mon bien-aimé Vénérable.

» Et en effet, MM∴ FF∴, comment à cet instant consacré à rappeler tout ce que cet ami fit pour ses FF∴, pourrais-je oublier que c'est à lui que j'ai dû tout le bonheur dont j'ai joui dans ma carrière maçoniq∴ ? Comment oublierais-je que c'est lui qui me fit admettre dans cette R∴ L∴ ? que c'est à lui que je dus la confiance dont m'honorait le premier Atel∴, qui me nomma son représentant au G∴ O∴ de France ? Comment oublierais-je enfin que c'est à son bienveillant patronage que je dus la haute faveur d'être admis au nombre des Off∴ du G∴ O∴, où pendant dix années je reçus de mes FF∴ les preuves les plus touchantes de l'intérêt et de l'amitié qu'ils n'ont cessé de me porter.

» Oh ! MM∴ FF∴, de tels incidens dans la vie se gravent trop profondément dans le cœur, pour que le souvenir de l'ami qui les fit naître ne se confonde pas avec eux, et n'y reste inefaçable comme un monument éternel de reconnaissance !

» Nous allons donc honorer une existence si bien remplie, MM.˙. FF.˙., nous allons faire entendre nos regrets, et témoigner de notre profonde douleur par une première batterie de deuil pour laquelle je prierai nos FF.˙., 1er et 2e Surv.˙., d'inviter tous les FF.˙. à se joindre à eux et à moi, et à me seconder dans ce pénible devoir. »

Tous les FF.˙. s'étant levés, le Vén.˙. fait tirer une batt.˙. de deuil qu'il termine par ces mots : *Gémissons, MM.˙. FF.˙., et honorons la mémoire de l'ill.˙. et bon F.˙. que nous avons perdu.*

Les surv.˙. ayant répété, l'harmonie se fait entendre. Dès qu'elle a cessé, le Vén.˙. donne la parole au T.˙. C.˙. F.˙. Gautier, orat.˙. tit.˙. de l'atel.˙., pour payer au F.˙. Truel le tribut qui lui est dû à tant de titres.

Le Vén.˙. F.˙. orat.˙. s'exprime ainsi :

« A vous, Très-Ill.˙. VV.˙. Off.˙. du G.˙. O.˙. de Fr.˙., TT.˙. CC.˙. FF.˙. Visit.˙., et vous tous mes bons et dig.˙. FF.˙.,

S.˙. S.˙. S.˙.

« Quels lugubres apprêts se présentent à ma vue !

» Quels funèbres accens viennent de frapper mes oreilles !

» Eh quoi ! cette enceinte où naguères régnait le bonheur, est-elle tout à coup devenue l'enceinte de la mort ?

» Une douloureuse catastrophe est-elle la cause de ce deuil universel ?

»Oh! oui, MM∴ FF∴, à la tristesse peinte sur vos visages, à ce morne silence, à ces sombres pensées qui semblent tout entièrement vous occuper, mon cœur a compris une affreuse et trop cruelle vérité!...

» L'un de nos FF∴ n'est plus.... l'inévitable arrêt du destin s'est accompli, et sans pitié pour ceux qu'elle livrait à la douleur, la mort, la cruelle mort a ravi sa proie ; un nouveau sacrifice a marqué son passage !

» Gémissons, gémissons, gémissons, MM∴ FF∴, et sans connaître encore toute l'étendue de la perte que nous avons faite, avant de jeter nos regards en arrière, avant d'examiner quelle fut la vie de celui qui mérita si long-temps notre estime et notre amour, livrons-nous aux regrets ; car c'est un F∴, un ami, dont nous sommes séparés par les portes de l'éternité ; puis reportant ensuite notre pensée vers le G∴ A∴ de l'U∴, croyons à son immense bonté, car lorsque dégageant notre âme de son enveloppe terrestre et mortelle, il la rappelle à lui, c'est qu'alors il veut récompenser la vertu par une éternelle et pure félicité.

» Mais quelle ne doit pas être notre douleur en ce jour de deuil! Combien nos regrets ne doivent-ils pas être augmentés par la pensée qu'il y a peu de temps encore, le F∴ qui repose maintenant dans le silence de la tombe, assis à cet Or∴, faisait retentir les voutes de ce temple de sa voix paternelle, en en dirigeant les travaux avec autant de douceur que de régularité, nous montrant ainsi l'heureuse alliance du savoir, de la sagesse et de l'aménité.

» La blessure faite à notre âme, par cette perte cruelle, est donc loin de se fermer encore; le vide immense que la mort d'un tel F∴ a causé parmi nous, sera difficile à combler. Mais pour apporter quelque trève à de si justes et douloureuses pensées, oublions un moment le présent, ne nous inquiétons point de l'avenir, et tout au passé, reportons nos souvenirs sur la carrière si honorablement parcourue par celui que nous pleurons; il fut, tout à la fois, utile et excellent citoyen, bon, fidèle et généreux Maçon.

» Il est si rare, MM∴ FF∴, de rencontrer des existences qui soient, pour d'autres existences, l'objet durable de la confiance, de l'affection et de la gratitude, que rien ne paraît plus à déplorer que le terme d'une vie consacrée à l'intérêt d'autrui, par une bienveillance et une activité justement appréciées.

» Telle est l'impression qu'a dû produire la mort de notre F∴, enlevé à la tendre vénération de son fils, à l'attachement de ses FF∴ et de vieux amis, que sa longue carrière ne lui avait point fait perdre; enfin au soulagement des pauvres, dont les larmes ont été les premiers et les plus touchans hommages rendus à sa mémoire.

» Issu d'une famille aisée et distinguée, André-Calixte-Joseph Truet, doyen des Référendaires de 1re classe à la Cour des Comptes, Chevalier de la Légion-d'Honneur, 33e Officier hon∴ du G∴ Or∴, Vén∴ et T∴ S∴, pendant longues années, de la L∴ Chap∴ de Saint-Vincent-de-Paul, ancien ministre des Chevaliers du Temple, et membre de plusieurs autres sociétés philantropiques, naquit à Condé, département de l'Aisne, le 8 mai 1766.

» L'éducation, vous le savez, MM∴ FF∴, fait souvent naître des dispositions qui, sans ce secours bienfaisant, eussent été étouffées sous l'écorce non dégrossie de l'ignorance.

» Il n'en fut pas de même de notre F∴ Truet : un degré d'aptitude extraordinaire se développa de bonne heure en lui; ses parens, jugeant ce que leur fils pouvait devenir un jour, s'empressèrent de mettre à profit ses précoces et heureuses dispositions.

» Ce fut vers la capitale, dans ce séjour des sciences, des arts et de toutes les merveilles, pour ainsi dire, qu'ils l'envoyèrent puiser et acquérir des connaissances qui devaient plus tard lui ouvrir la carrière de la magistrature.

» Ils choisirent l'un des premiers établissemens existant à Paris pour l'éducation de la jeunesse, le collége royal de Louis-le-Grand, où le jeune Truet fit ses études d'une manière distinguée, et sa philosophie, à peine terminée, la direction qu'à cette époque on s'efforçait presque toujours de donner aux idées de ceux dont le génie et l'imagination présageaient un brillant avenir, exerça sur lui une influence toute naturelle.

» Bientôt il manifesta le désir de suivre une carrière toute de charité et d'abnégation, vers laquelle il se crut d'autant plus appelé, qu'en cédant à la première impulsion qui lui fut donnée, il lui sembla obéir à sa propre volonté, tant les sentimens de son excellent cœur sympathisaient avec la vertu et les qualités nécessaires pour parcourir dignement cette route hérissée de tant d'entraves, et supporter avec fermeté ces combats de tous les instans que l'honnête homme doit continuellement livrer à ses passions.

» Cette destinée vers laquelle le F.·. Truet avait porté ses regards, cet avenir paisible qu'il croyait s'être préparé, ne devait point s'accomplir. Tant il est vrai que les prévisions humaines se réalisent rarement, et que les décrets de la Providence sont seuls immuables.

Notre F.·. Truet était à peine entré dans cette voie nouvelle, que la tourmente révolutionnaire qui, depuis long-temps déjà grondait sourdement, éclata tout à coup, et que ce torrent qui devait rouler des trônes et des rois, où devait se confondre le vice et la vertu, le savoir et l'ignorance, vint aussi engloutir l'espoir, ou du moins changer l'avenir de toute une génération.

» A cette époque où les paroles du Cantique sacré, *Deposuit potentes de sede et exaltavit humiles*, furent si cruellement justifiées, notre ami dut renoncer à une carrière désormais interdite.

» Se confiant à ses propres forces, il embrassa le commerce, et attendit ainsi des temps meilleurs, qui pussent lui permettre d'utiliser plus avantageusement pour son pays les connaissances qu'il avait acquises.

» Cet instant arriva enfin : à la voix du héros, dont le génie devait élever si haut la gloire de la France, de cet homme déjà si grand, et que son infortune devait grandir encore, à cette voix bienfaitrice et tutélaire, l'ordre succéda à l'anarchie, une nouvelle ère commença, et bientôt prenant un nouvel aspect, notre belle patrie, semblable au phénix, parut renaître plus brillante ; les institutions les plus utiles se répandirent de tous côtés ; la magistrature, l'instruction se reconstituèrent ; la vertu reprit son empire, nous entrevîmes alors le bonheur de la France.

» Ce fut à ce moment que le mérite et le talent de notre F∴ Truet furent appréciés.

» Chargé d'abord de la révision des comptes de la comptabilité nationale, travail immense, que les divers pouvoirs qui s'étaient succédé, aussi bien que les nombreux fonctionnaires qui souvent n'avaient fait que passer, avaient rendu si difficile, il s'acquitta de sa mission avec une si rare intelligence, un dévoûment, un zèle, et surtout un désintéressement si complet, que dès lors sa place fut marquée parmi les premiers qui devaient concourir à la formation de l'une des premières Cours judiciaires du royaume.

» Ce fut en 1807, époque de la création de la Cour des Comptes, que le F∴ Truet fut appelé à en faire partie, et pendant trente-trois années consécutives il s'y fit constamment distinguer par ses connaissances et ses travaux, ainsi que par son honorable caractère.

» Par un acte de justice et de reconnaissance, trop rare malheureusement, les premiers travaux du F∴

Truet ne furent point oubliés, et sans avoir besoin de passer d'abord par la seconde classe, notre ami fut du petit nombre de ceux qui furent immédiatement appelés à la première.

» Son mérite et ses services publics reçurent ainsi un éclatant hommage.

» Hélas! MM∴ FF∴, pourquoi faut-il que fidèle historien, je me voie forcé de franchir un long espace entre cette époque où il recevait de tels témoignages de satisfaction, et celle où plus tard il en reçut un nouveau qui, sans doute lui fut bien cher, mais qui cependant ne fut pas sans amertume.

Le zèle, le dévoûment à la chose publique s'étaient-ils refroidis dans notre ami? Oh! non; jamais le reproche ne lui en fut fait; mais les choses, mais les hommes avaient changé.

» Dans sa noble indépendance, il ne changea pas, lui, il ne renia pas son bienfaiteur, et s'il fut délié de son serment, il ne crut jamais l'être de sa reconnaissance.

» Aussi les faveurs ne vinrent point le trouver. Mais lorsqu'enfin il reçut ce signe de l'honneur si bien placé sur sa poitrine, cet acte d'une récompense si justement acquise, fut sanctionné et salué par d'unanimes applaudissemens.

Telle fut, MM∴ FF∴, telle fut la vie publique de notre excellent ami le F∴ Truet.

» Vous me pardonnerez, à moi, son compatriote et son condisciple, qui le connaissais par conséquent dès son enfance, vous me pardonnerez de m'être aussi longuement étendu sur cette partie du travail que je me suis imposé.

» On a tant de plaisir à parler de vieux camarades avec lesquels on a vécu dans l'intimité, que vous m'accorderez aussi votre indulgence en faveur de l'amitié qui, à défaut de talens, a dicté mes paroles.

» MM∴ FF∴, je la réclame encore cette indulgence pour vous peindre en peu de mots la vie intérieure de notre F∴. Dans cette vie où il donnait essor à tous les sentimens d'affection et de générosité qui animaient son cœur, on le voyait tour à tour excellent époux, bon père, sincère ami, dévoué en toute circonstance, prêcher par l'exemple, et mettre continuellement en pratique ces préceptes de probité, d'honneur, de délicatesse et d'humanité enseignés dans nos temples, et qui étaient innés dans son âme sensible et bonne.

Permettez encore, MM∴ FF∴, que je parle de ce qu'il fit pour ce R∴ At∴, dont il fut l'un des fondateurs et l'une des colonnes les plus fermes pendant vingt-huit ans ; de ce qu'il fit pour le G∴ Or∴ de France, où de longs et utiles services lui avaient mérité le titre d'Off∴ hon∴ ; ce qu'il fit enfin pour les diverses sociétés dont il était membre, et qui s'honoraient de le posséder.

» Sympathisant de toutes ses forces avec les sentimens d'humanité qui avaient excité le zèle du généreux Saint-Vincent-de-Paul, il voulut participer à l'érection de l'édifice qui allait être élevé à la mémoire de ce digne apôtre de la bienfaisance ; il y consacra tous ses soins, et dans aucune circonstance son dévoûment ne s'est rallenti.

» Il eut quelquefois à lutter, même péniblement, car les Maç∴ sont hommes, et par conséquent accessibles aux passions et sujets aux faiblesses humaines. Pilote habile, on le vit sans cesse tenir le gouvernail d'une main ferme et prudente, prévenir ou surmonter les orages, et toujours faire aborder le navire au port du bonheur et de la tranquillité.

» Aussi l'amour de ses FF∴ ne lui a point manqué. Ces faveurs que donne l'amitié, qui prennent leurs sources dans le cœur de ceux qui les distribuent, moins brillantes que celles qu'accordent les grands, il les a possédées jusqu'à son dernier jour ; car elles ne dépendaient pas d'un caprice ou d'une volonté, mais elles avaient pour base les vertus et les qualités qui avaient fait naître les sentimens que lui portaient tous ses FF∴

» Dans la période qui nous a paru, hélas ! si courte, qu'il a passé au sein de la L∴ des Disciples de Saint-Vincent-de-Paul, quinze fois il a été appelé à en présider les travaux, et jamais dans ces circonstances qui réveillent quelquefois d'honorables susceptibilités, jamais on ne vit une seule voix s'élever contre un choix qui témoignait si vivement du fraternel accord qui régnait entre l'heureux élu et ses FF∴ plus heureux encore.

» Mais ce n'était pas seulement par l'expression de leurs sentimens que ses FF∴ lui montrèrent leur reconnaissance. Après maints services rendus par le F∴ Truet, une première médaille lui fut décernée; elle était du métal le plus pur, symbole non équivoque de l'importance de ses services et du prix que les memb.·. de l'Atel.·. y attachaient. Plus tard une seconde médaille, dite monumentale, et sur laquelle le burin avait tracé tout ce qu'il avait fait pour les Disciples de Saint-Vincent-de-Paul, fut également décernée au F.·. Truct ; elle est conservée religieusement par son fils qui est aussi notre F.·. Cette médaille sera pour lui une attestation continuelle du respect et de la reconnaissance que nous portions à celui que nous nous plaisions également à saluer du nom de père.

» Vous vous rappelez, MM.·. FF.·., l'enthousiasme que sa présence excitait parmi nous.

» Le G.·. Or.·. de France, digne appréciateur des qualités des Maç..., avait depuis long-temps appelé le F.·. Truct à l'honneur de siéger parmi les représentans de l'Ordre maç.·. Là, aussi, notre digne F.·. se fit remarquer, et soit comme député, soit comme officier, soit comme dignitaire, il y remplit dignement la mission qui lui était imposée, et sut acquérir de nouveaux droits à l'estime, à l'amitié et à la reconnaissance de ses FF.·..

» Je pourrais m'étendre davantage sur le long exercice du F.·. Truet comme Off.·. du G.·. O.·. de France, et vous rappeler tous les travaux dont il fut spécialement chargé, par suite des diverses fonctions dont il était revêtu; mais après le nôtre, un hommage non moins solennel est encore réservé à notre digne F.·., c'est celui qui, dans la pompe funèbre annuelle du G.·. Or.·., lui sera rendu, et pour lequel nous devons laisser à l'Or∴ la part qui lui appartient naturellement, puisqu'il aura à faire connaître principalement la carrière maçon∴ que les FF∴ ont parcourue comme memb∴ du G∴ Or∴

» Ainsi vous le voyez, MM∴ FF∴, dans toute sa vie soit maç∴, soit civile, le F∴ Truet s'est toujours distingué, et s'est acquis un grand nombre d'amis, parce qu'il était mû par un seul principe, celui du bien.

» Aussi a-t-il constamment travaillé à être utile.

» Tantôt c'est à la patrie qu'il consacre ses veilles, et il agit en bon et loyal citoyen; tantôt c'est à la maçon∴ qu'il se dévoue; et méditant sans cesse sur l'amélioration sociale ou intellectuelle, il travaille encore pour ses semblables, et ne reste jamais inactif, lorsqu'il s'agit de cette grande question : le bonheur de l'humanité.

» Sa mort, calme et résignée, a été comme un dernier reflet des vertus qui avaient honoré sa vie.

» Le nombreux concours de FF∴ qui l'ont accompagné et porté à sa dernière demeure, est la preuve la plus sûre de l'estime, de l'amitié et de l'attachement que ses vertus lui avaient mérité.

» Pourquoi faut-il que la mort l'ait ravi sitôt à notre amour!

» Pourquoi faut-il que tout soit anéanti!

» Mais, qu'ai-je dit, et quelle erreur est la mienne!

» Oh! non, tout n'est pas anéanti; loin de moi ce blasphème!

» Non, tant de vertus, tant de bonnes qualités, cette émanation du Tout-Puissant qui anime notre être, qui nous élève et nous porte à de si grandes choses, ne peuvent être la proie du néant!

» L'âme qui, sur la terre, a rempli la divine mission que le Créateur, le G∴ A∴ de l'Un∴ lui a imposée, retourne rendre compte, n'en doutons pas, à son auteur, et jouit alors du bonheur réservé à l'homme de bien dont la conscience, toujours pure, ne connut jamais le remords.

» Ainsi donc, ô notre ami! notre F∴! ton âme repose en paix!

» Ainsi donc, ta mémoire est, et sera toujours vivante dans nos cœurs.

» Du haut du séjour de la vie éternelle, protége tes bons FF∴ jaloux de l'imiter!

» Tu vois nos regrets, ô notre F∴! mais vois aussi notre espérance.

» Elle nous soutient, elle nous console; car elle nous dit que tu reposes au sein d'une éternelle félicité!

» Pardonne, cher ami, pardonne à ton vieux camarade, auquel tu sembles dire, en lui tendant la main : *Viens reposer avec moi!*

» Pardonne-moi d'avoir voulu honorer ta mémoire; mais il est des devoirs impérieux, il est de ces dettes de cœur qu'on doit acquitter à toutes les époques de la vie.

» Au revoir, ami, au revoir!

» En t'imitant ici bas, en suivant tes nobles exemples, confiant comme toi dans la justice divine, c'est là haut que nous nous retrouverons.

» Espérons; Esp∴, Esp∴! »

Le Vén∴ exprime au R∴ F∴ orateur combien il regrette que le caractère de la cérémonie ne lui permette point de lui donner un témoignage de la vive satisfaction qu'il a fait éprouver à tous ses FF∴, en provoquant en sa faveur des applaudissemens qu'il a si bien mérités ; il le prie de recevoir les remerciemens et l'expression de la profonde gratitude de l'atelier.

Le F∴ Bourlet de la Vallée, memb∴ et Orat∴ de la R∴ L∴ des Arts réunis à l'Or∴ de Rouen, ayant demandé et obtenu la parole, s'exprime en ces termes au nom de son R∴ atelier :

« MM∴ FF∴

» Nous sommes envoyés par la resp∴ L∴ des Arts réunis, à l'O∴ de Rouen, pour vous apporter le tribut de ses regrets et de sa douleur, et tresser avec vous une couronne funéraire en l'honneur du F∴ dont vous célébrez la mémoire. Sans doute, il vous appartient plus qu'à nous, MM∴ FF∴, de répandre des larmes sur sa tombe ; car vous l'avez plus particulièrement connu. C'est parmi vous qu'il a parcouru sa longue carrière, et vous avez presque tous été témoins des bonnes œuvres qui l'ont illustrée. C'est aux leçons de vos sages qu'il avait puisé ces grandes lumières maç∴ qui l'avaient élevé aux plus hautes dignités de notre ordre ; c'est leur foi vive et sincère qui avait allumé en lui cette ferveur qui en avait fait le modèle des Maç∴; c'est à leur exemple qu'il avait étudié la pratique de ces vertus qui avaient fait de lui le modèle des hommes de bien. Puis, comme ces astres bienfaisans qui renvoient à la terre la lumière qu'ils reçoivent du soleil, il reversait sur ceux d'entre vous qui le suivaient dans cette noble carrière, les trésors dont il s'était enrichi parmi vous, et les guidait à son tour par ses instructions et ses exemples.

A vous donc, MM∴ FF∴, à vous à qui il devait tant, et qui lui étiez si redevables à votre tour; à vous qui avez pu d'avantage apprécier son caractère et ses lumières, qui avez été si long-temps édifiés par le spectacle touchant de ses vertus, à vous appartient plus particulièrement le droit de chanter l'hymne de deuil en son honneur. Mais permettez-nous de mêler notre voix à vos chants funèbres, et d'attacher avec vous une guirlande à son urne funéraire.

» Car nous aussi, MM∴ FF∴, nous avons eu notre part de ses bienfaits : quoique éloigné de notre O∴ il avait étendu jusqu'à nous les rayons de sa bienveillance. Depuis longues années, il représentait la L∴ des Arts réunis auprès de notre mère commune, et pendant ce long exercice, nous n'avons cessé de trouver en lui complaisance pour écouter nos réclamations et nos demandes, zèle infatigable pour les appuyer de son crédit et de son influence, patronage désintéressé pour soutenir nos droits et nos prérogatives. Il avait donc aussi des titres sacrés à notre reconnaissance, en même temps qu'à notre admiration, et c'était pour nous un devoir de venir nous joindre à vous dans cette lugubre cérémonie, afin de mêler nos larmes aux vôtres auprès de son cercueil.

» Aussi, MM∴ FF∴, avons-nous répondu de grand cœur à votre appel, et au milieu de la douleur que nous apportait la triste nouvelle de sa mort, nous avons trouvé du moins une consolation en voyant que nos FF∴ avaient compté sur notre zèle maçonique et sur notre amitié pour les aider à planter le cyprès sur la tombe qui vient de se fermer.

Mais nous trouvons une consolation plus douce encore dans l'expression de nos regrets et dans le spectacle des honneurs que vous rendez à la mémoire de celui qui n'est plus. Nous nous disons qu'il doit dormir du sommeil des justes celui qu'accompagnent les pleurs des hommes de bien, et que sans doute il est allé recevoir du grand Archit∴ de l'Univers la récompense des bonnes actions qui ont marqué son passage sur la terre ; car le souvenir de ses vertus est le seul trésor que l'homme puisse emporter dans le tombeau, le seul manteau dont il puisse s'envelopper quand il comparaît devant le trône de l'Eternel. »

Le R∴ Présid∴ exprime au T∴ C∴ F∴ Bourlet de la Vallée avec quelle reconnaissance l'atel∴ a entendu le discours qu'il vient de prononcer : il le félicite et le prie de reporter aux RR∴ FF∴ des Arts réunis avec quel silence religieux, avec quel pieux recueillement les paroles de leur orateur ont été accueillies par les Disciples de Saint-Vincent de Paul.

Avant de se rendre près du cénotaphe pour y faire les voyages mystérieux, le Vén.·. donne lecture de deux pl.·. qui ont été adressées à l'at.·. La première émane de la R.·. L.·. la consolante Amitié Or.·. de Sézanne, dont le F.·. Truet était le représentant près le G.·. O.·. de France ; elle est ainsi conçue :

Or.·. d'Esternay, le 7e J.·. du 4e M.·. de l'an de la V.·. L.·. 5840.

La R.·. L.·. de la Consolante Amitié, O.·. de Sézanne,

A la R.·. L.·. des Disciples de Saint-Vincent-de-Paul, O.·. de Paris.

S.·. S.·. S.·.

TT.·. CC.·. et TT.·. RR.·. FF.·.,

« La L.·. de la Consolante Amitié ne pouvait faire une perte qui lui fût plus sensible et plus irréparable que celle de notre ami et Député le F.·. Truet ! La pl.·. par laquelle vous vous êtes imposé le pénible devoir de nous annoncer que ce C.·. et V.·. F.·. n'est plus, a douloureusement pénétré nos cœurs de tristesse et de regrets. Quoiqu'il fût d'un âge assez avancé, nous ne pensions pas que la mort nous en eut séparés sitôt encore : rien ne nous y avait préparés. Eh ! à quoi nous aurait servi de l'être ? La mort, dans tous les cas, porte toujours un coup terrible là où elle rompt, comme ici, des liens si chers et si fortement constitués. Pour moi, j'ai ressenti ce coup plus particulièrement, le F∴ Truet était mon vieil ami.

» Nous aurions été bien flattés de pouvoir nous rendre à l'invitation que vous avez la bonté de nous faire, afin d'assister à la cérémonie funèbre que vous devez célébrer en honneur et à la mémoire de notre C∴ F∴ Truet. Nous y aurions obtenu une sorte de soulagement, car nos cœurs s'y seraient épanchés avec les vôtres dans l'hommage que nous aurions rendu ensemble à ce respectable F∴, hommage qui certainement aurait été une suite de celui que son amitié et ses bonnes qualités ont toujours si bien su nous inspirer. Mais un sujet d'affliction est rarement isolé ; nous devons, malgré tout notre désir, et quoique nous y soyons portés d'inclination, ajouter à notre perte la désolante privation de participer en personnes, même par députation, à cette pieuse cérémonie. Le manque de pouvoirs nous y force, l'emploi obligé à tous de notre temps ailleurs y met un obstacle vraiment insurmontable. Il ne nous est donc laissé que de partager mentalement avec vous les sentimens qui vous animeront dans cette circonstance. Votre bienveillance, nous en sommes persuadés, nous en tiendra le même compte, et nous ne le sommes pas moins que vous agréerez ce seul moyen qui soit à notre disposition, de payer par votre œuvre propre notre tribut de regrets de n'avoir plus à nous rapprocher, que dans nos souvenirs, du bon, de l'estimable et du délicieux F∴ Truet.

» Nous vous devons des remercîmens, et certes, il nous est doux d'avoir à vous les faire, dès qu'ils ont leur source dans l'échange des sentimens de fraternité et d'affection dont nous aimons et aimerons toujours à vous donner un sincère témoignage, en vous priant de nous croire également P∴ L∴ N∴ M∴ A∴ V∴ C∴ et A∴ T∴ L∴ H∴ Q∴ V∴ S∴ D∴

Vos dévoués FF∴

Au nom de la Consolante Amitié,

Canard,

Vén∴ R∴ C∴

La seconde est de la R∴ L∴ de Jean de la Fontaine, à l'O∴ de Château-Thierry, dont le F∴ Truet était également le député ; elle est conçue en ces termes :

La L∴ Saint-Jean, régulièrem∴ constituée à l'O∴ de Château-Thierry, sous le titre distinctif de Jean-de-la-Fontaine,

A la R∴ L∴ des Disciples de Saint-Vincent-de-Paul, Or∴ de Paris.

S∴ S∴ S∴

TT∴ CC∴ et TT∴ ILL∴ FF∴

Comme vous, les memb∴ de la L∴ de Jean-de-la-Fontaine ont ressenti la plus vive douleur de la perte irréparable que l'association maçoniq∴ vient de faire. Dans ces temps de tiédeur, le V∴ F∴ Truet avait conservé tout son zèle. L'un des patriarches, il était le premier au rendez-vous; il avait compris la maçonn∴ Ce peu de mots contient tout.

» L'appui, le soutien de notre Atel∴ près le G∴ O∴, il lui a rendu des services signalés; nous ne pouvions rien moins attendre d'un si bon F∴, notre compatriote.

» Vous êtes assurés, TT∴ RR∴ FF∴, que ce n'est pas l'indifférence qui nous retient dans notre Or∴, et nous empêche de nous unir à vous pour témoigner des vifs regrets que vous et nous éprouvons. Mais l'espace..... les occupations profanes....., voilà nos excuses. Vous les agréerez, ainsi que l'expression de notre vive reconnaissance pour votre bon souvenir; il nous est bien précieux.

» N∴ A∴ la F∴ d'être, TT∴ CC∴ FF∴, p∴ l∴ n∴ m∴ à∴ v∴ c∴.

» Vos très-dévoués et affectionnés FF∴

Le 1ᵉʳ Surv∴,	Le Vénér∴	Le 2ᵉ Surv∴,
Nérac de l'Esguiée,	Sallantin,	Laurent.
R∴ C∴	R∴ C∴	M∴
	L'Orat∴	
	Maucler,	
	M∴	

Scellé par nous G∴ des	Le Secrétaire
Sceaux et Archives,	Clément,
Henry Bahu,	R∴ C∴
M∴	

Cette lecture terminée, l'at∴, vivement touché des sentimens si bien exprimés par ces RR∴ LL∴, leur vote des remerciemens, et ordonne l'insertion textuelle de leurs pl∴ au procès-verbal.

Sur l'invitation du Vén∴, les FF∴ Maît∴ des cérémonies distribuent des branches d'acacia et des touffes d'immortelles, et le F∴ Aum∴ hospit∴ parcourt les colonn∴ pour recueillir les dons que la bienfaisance maçon∴ se plaît à déposer pour secourir les infortunés : une douce et lente harmonie accompagne cette partie importante des travaux.

Le F∴ Aum∴ hosp∴ s'étant acquitté de sa mission charitable, le Vén∴ fait conduire à l'autel, les FF∴ Surv∴, et se rend ensuite avec eux et les FF∴ qui décorent l'Or∴ près du cénotaphe où il s'exprime ainsi :

« O mânes de notre digne et R∴ ami, mânes sacrés de celui qui, pendant si long-temps, fit briller la lum∴ à l'Or∴ de notre Temple, recevez, par ma faible voix, l'expression des regrets que cause aux ouvriers de cet Atel∴ une perte aussi cruelle ! Excellent F∴ Truet, ton âme nous a quitté, mais le souvenir de tes vertus, de tes bienfaits, demeurera éternellement parmi nous ! »

» MM∴ FF∴, *notre F∴ Truet a bien vécu, sachons mériter comme lui les regrets de nos FF∴* »

Ces dernières paroles, répétées par les FF∴ Surv∴, sont suivies d'une trip∴ batt∴ de deuil; le Vén∴, les Surv∴ et tous les FF∴ porteurs d'immortelles et d'acacia font trois fois le tour du cénotaphe aux sons d'une harmonie plaintive. Au 3ᵉ tour, ils déposent au pied du monument les fleurs emblématiques, symbole de leur pieux hommage.

Au 1ᵉʳ voyage, le Vén∴ dit :

« F∴ Truet, toi qui sans cesse prêchais la paix et la concorde, toi dont le plus grand bonheur était de nous voir tous unis, qu'à ton tour *le G∴ A∴ de l'Univers te fasse paix et miséricorde!* »

Les Surv∴ répètent ces dernières paroles.

Au 2ᵉ voyage, le Vén∴ s'exprime ainsi :

« Digne F∴, qui maintenant reposes dans la tombe, toi que la cruelle mort a ravi sitôt à notre amitié, *que les douceurs de l'éternelle paix soient désormais ton partage et ta récompense.* »

Ces dernières paroles sont également répétées par les FF∴ Surv∴.

Enfin, au 3ᵉ voy∴, le R∴ Présid∴, en jetant de l'encens dans les cassolettes, s'exprime en ces termes :

« Que ce parfum en s'élevant vers le divin architecte des mondes soit l'image de la pureté et de la sincérité des vœux que nous lui adressons pour lui demander d'alléger les souffrances terrestres de nos FF∴, et de leur réserver après leur mort une éternelle félicité.»

» MM∴ FF∴, *qu'une carrière aussi bien remplie, qu'une aussi belle vie, serve d'exemple à tous nos FF∴!* »

Les Surv∴ répètent qu'une carrière aussi bien remplie serve d'exemple à tous nos FF∴; une dernière batterie de deuil est tirée, et tous les FF∴ reprennent leurs places.

De retour à l'Or∴, et tous les FF∴ debout et à l'ordre, le Vén∴ dit :

« MM∴ FF∴, nous venons de remplir le devoir qui nous était, je ne dirai pas imposé, mais dicté par la reconnaissance ; nous avons satisfait à notre juste douleur, et donné un libre cours à nos regrets ; nous venons, en un mot, de payer le tribut qui était dû à notre bon F∴ Truet.

«Mais nous vous l'avons dit, MM∴ FF∴, le séjour où repose notre ami doit être un séjour de félicité ; sa belle âme doit jouir du bonheur réservé à ceux dont les vertus et les bonnes qualités le firent chérir sur la terre. Quels doivent donc être désormais nos sentimens, et ne devons-nous pas nous réjouir de cette immortalité que notre F∴ a recueillie au sein du G∴ A∴ de l'Univers? Qu'un signe d'allégresse succède alors à notre douleur, et qu'une triple batt∴, interprête de nos sentimens, témoigne en ce moment de la joie que nous fait éprouver la félicité parfaite dont jouit pour toujours notre bien aimé Vén∴ le T∴ C∴ et T∴ Excell∴ F∴ Truet '»

Une vive et énergique batt∴ est aussitôt tirée, et terminée par ces mots : Espérons ! espérons ! espérons !

La colonne d'harmonie exécute un morceau plein de charmes et qui nous peint le bonheur dont jouissent les âmes pures dans le séjour éternel ; lorsqu'elle a cessé, le Vén∴ s'adressant aux RR∴ FF∴ Visiteurs leur adresse de nouveau des remerciemens pour le concours si utile et si honorable qu'ils sont venus prêter en ce jour aux Disciples de Saint-Vincent de Paul ; il les assure que la L∴ gardera éternellement le souvenir de leur présence, et combien elle leur a été précieuse dans une solennité destinée à témoigner de la profonde reconnaissance de l'at∴ pour son ancien V∴ ; il termine en leur exprimant l'espoir flatteur que la L∴ conserve de les accueillir souvent et dans des circonstances où elle pourra se livrer à tout l'enthousiasme qu'une visite aussi chère doit lui inspirer.

Le Vén∴ ferme ensuite les travaux par les

mystères accoutumés, et tous les FF∴ se retirent en paix et en silence.

Minuit plein.

Vu et certifié conforme à la minute ; les Off∴ dignitaires de la R∴ L∴

Pillot, Vén∴ tit∴,
33e. Off∴ hon∴ du G∴ O∴

Blondelu, 1er Surv∴   Raoul, 2e Surv∴
33e. off∴ du G∴ O∴   M∴

Gautier, Orat∴,
Off∴ du G∴ O∴

Timbré et scellé par nous Gar∴ des sc∴ et timb∴   Blanchard, R∴ C∴

Par mandement de la R∴ L∴
Desbrunais, Sec∴, R∴ C∴

www.ingramcontent.com/pod-product-compliance
Lightning Source LLC
Chambersburg PA
CBHW061010050426
42453CB00009B/1366